UNE RECTIFICATION

DANS

L'HISTOIRE DU FÉDÉRALISME

EN NORMANDIE (1793)

[FÉLIX DE WIMPFFEN ET LES GIRONDINS RÉFUGIÉS]

PAR

RAOUL POSTEL

AVOCAT PRÈS LA COUR IMPÉRIALE DE CAEN
MEMBRE DE LA SOCIÉTÉ DES ANTIQUAIRES DE NORMANDIE

CAEN

TYP. DE F. LE BLANC-HARDEL, LIBRAIRE

RUE FROIDE, 2

1867

A MONSIEUR A. CHARMA

*Doyen de la Faculté des Lettres de Caen
Secrétaire de la Société des Antiquaires de Normandie
Chevalier de la Légion-d'Honneur*

C'est à vous, Monsieur, que je dois de faire partie de la Société des Antiquaires de Normandie. Ma jeunesse ne vous a point effrayé, vous avez eu confiance. Voici ma première œuvre. Elle a déjà obtenu les honneurs de la discussion ; c'est, pour elle, un précieux baptême que je n'eusse point espéré. Je ne me suis préoccupé, dans la composition de cette petite brochure, que de mes impressions personnelles, suivant en cela le conseil du poète : *Nec te quæsiveris extrà*. Il y avait là, sans doute, de ma part, une présomptueuse audace. Aussi ne devais-je affronter le jugement de quiconque voudra bien me lire qu'en inscrivant en tête de ce travail le nom d'un homme dont la notoriété servît en quelque sorte d'excuse à ce premier jet d'une imagination que quelques-uns trouveront, sans doute, un peu trop hasardeuse. Mais vous avez déjà défendu mon œuvre. C'est là, Monsieur, ce qui m'enhardit à vous prier d'accepter cette dédicace comme un faible témoignage de mon constant respect et de mon inaltérable dévouement.

RAOUL POSTEL.

Juger les contemporains est chose souvent périlleuse. Nombreuses, en effet, sont les susceptibilités, vives sont les alarmes. J'avais destiné à un tout autre usage la brochure que je publie : comme bien d'autres, le retentissement d'une lecture publique m'avait tenté. On sait quel éclat et quel prix s'attachent à la communication de Mémoires historiques, philologiques ou scientifiques, destinés à être lus en Sorbonne par les délégués des Sociétés savantes des départements. Quelques-uns des membres les plus autorisés et les plus compétents de la Société des Antiquaires de Normandie, m'avaient engagé vivement à prendre part à ces joûtes laborieuses autant qu'érudites. Mon travail, le voici. Je ne le donne point comme une œuvre parfaite : la perfection n'a jamais été le résultat de la jeunesse et de l'inexpérience de la vie politique. Tel donne la préférence aujourd'hui à ce qu'il désavouera peut-être demain. L'esquisse que je produis ici d'une personnalité qui a eu ses grandeurs et ses défaillances n'est donc que le résultat d'une conviction profonde et qui, malgré mon âge peu avancé, date déjà de loin : sans cela, je serais sans nul doute, inexcusable. La Société des Antiquaires de Normandie s'est quelque peu émue de la responsabilité morale que ferait peser sur elle un tel travail, enfanté et produit à la lumière sous l'apparence — très-réelle de ma part — d'une rectification historique : aussi, la Commission l'a-t-elle très-nettement rejeté. Mais une crainte salutaire a toujours été, à mon sens, une œuvre de sagesse : cet axiôme, qui n'a rien d'amer pour ce qui me concerne, est inscrit dans les actes de tout âge, à commencer par les Livres Saints. C'est donc à mes risques et périls que j'édite cette œuvre.

Je n'ai point la prétention de faire oublier, ne fût-ce même qu'un instant, ce qu'ont écrit déjà sur ce sujet mes savants devanciers : je ne veux qu'ajouter une pierre à ce délicat et consciencieux édifice. Je dois dire également, pour le cas où ma plume aurait fait preuve d'une trop grande rudesse, et aussi pour ma justification, que l'idée que je me suis faite du général Félix de Wimpffen n'a germé dans mon esprit que par suite de la lecture de son plus ardent apologiste. C'est ainsi qu'un courant d'idées trop fortement et trop imprudemment accentué en engendre parfois un contraire. Aurai-je des adversaires ? J'y compte, si ce n'est pas toutefois une présomption trop aveugle. A ceux-là je répondrai, de même qu'à ceux qui, par hasard, auront l'indulgence de m'approuver : approfondissez les faits sans prévention aucune, et décidez ensuite !

Caen, 8 avril 1867.

UNE RECTIFICATION

DANS

L'HISTOIRE DU FÉDÉRALISME

EN NORMANDIE (1793)

[FÉLIX DE WIMPFFEN ET LES GIRONDINS RÉFUGIÉS].

Il n'est pas de sujet peut-être qui ait été plus cher aux écrivains normands contemporains que ce récit de l'insurrection, dite du *Fédéralisme:* les détails abondent; tout a été à peu près raconté : rien de nouveau ne peut guère plus se produire sur ce fait dont les conséquences pouvaient être si graves. Si donc une voie unique nous demeure ouverte, c'est une voie toute d'appréciation, de critique sur les événements et sur les personnages. D'ailleurs, on ne saurait espérer que, dans les limites que j'ai dû m'imposer, j'aborde les faits en détail : je ne veux et ne dois présenter ici que de courtes considérations générales sur l'influence que ces rapides événements ont produite dans certains de nos départements du Nord, et sur le rôle plus ou moins actif et, disons le mot, plus ou moins loyal, que les chefs du parti contre-révolutionnaire y ont joué. Je crois qu'à cet égard il y a quelques rectifications à faire : la rectification de l'histoire locale n'est pas moins utile que celle de l'histoire générale en ce sens que, bien que l'impression ressentie soit moindre, l'erreur doit toujours être rigoureusement extirpée partout où elle aura pu étendre ses racines. Voilà le but de ce travail : ce sera aussi son excuse.

La généralité des écrivains, tous consciencieux, qui se sont occupés de cette importante question de la contre-révolution dans les départements du Nord, s'est laissé facilement abuser sur deux points, l'un et l'autre capitaux : sur l'importance du rôle joué par les Girondins réfugiés à Caen à l'époque de l'insurrection, et sur la réalité de celui qu'adopta le général Félix de Wimpffen, son chef militaire.

En d'autres termes, ils se sont laissé entraîner par l'apparence des faits, et ne se sont nullement inquiétés de rechercher les causes qui ont produit de la façon la plus imprévue la ruine complète de tant de projets, de tant d'espérances.

En réalité, la réaction n'était qu'un confus amas de matériaux mal cimentés, qu'un vaste corps dépourvu d'âme et de tête, n'ayant point de chef. Les Girondins laissaient faire, et Wimpffen se préoccupait moins de ses commettants que de lui-même.

C'est ce double point que l'on a négligé d'éclaircir. Les contemporains mêmes s'y sont laissé tromper : on a copié depuis leur appréciation sans contrôle.

Il a suffi, de la présence des Girondins à Caen, pour que l'on écrivît qu'eux seuls avaient fomenté l'insurrection ; de même il a suffi à quelques-uns d'un simple parti-pris pour faire de Wimpffen un quasi-héros à la manière antique ; les plus impartiaux ou, si l'on veut, les plus timides, se sont bornés à exprimer des doutes à son égard.

Et cela a quelque raison d'être : la province tient à ses gloires et croit volontiers que leur chute la rabaisse d'autant.

Mais, aujourd'hui que l'on a tellement abusé du grand homme que le grand homme n'est plus une chose rare, que chaque province en compte par dixaines, que chaque ville est fière d'en nombrer plusieurs ; aujourd'hui surtout que l'esprit public, dévoué au culte du vrai, recherche avant tout dans l'histoire ce qui est, au lieu de ce qu'il lui plairait d'y voir : il sera peut-être permis d'essayer de réduire à ses justes proportions une idole, encore quelque part caressée et surfaite. La Normandie, si riche d'ailleurs en nobles et fières intelligences, y perdra peu de chose ; l'histoire locale y gagnera beaucoup.

I.

Quel rôle a donc joué le général Félix de Wimpffen dans l'insurrection fédéraliste ?

Les faits sont des plus simples : nulle complication,

et très-peu d'épisodes. Leur durée, d'ailleurs, est fort restreinte.

« L'explosion de ce qu'on est convenu d'appeler « le *Fédéralisme du Calvados* eut pour cause l'attentat « politique du 31 mai 1793, et, pour occasion, le « compte qu'en rendirent aux sections de la ville de « Caen les commissaires qui avaient été envoyés à « Paris pour aviser aux moyens praticables de le « prévenir (1). » L'insurrection fut aussitôt proclamée par les sections : ce fut même ce qui décida les députés proscrits à se réfugier d'abord à Caen. C'était donc bien « l'œuvre de la population et des « administrations réunies (2) » : il n'y a point à s'y tromper.

M. de Wimpffen ne fut mis à sa tête qu'accidentellement. C'était, du reste, un homme qui avait fait ses preuves de courage : la défense de Thionville répandait un vif éclat sur sa carrière militaire (A). Mais que d'inconséquence ou que de profonde connaissance dans un tel choix ! Le général de l'insurrection commandait, en ce moment, l'armée de la Convention destinée à surveiller les côtes de la Manche !

Il est des hommes dont la mémoire perd singulièrement à mesure qu'on s'en éloigne avec le temps. L'histoire ouvre d'une main inflexible les pages de leur vie, et, ni les révolutions successives, ni le désenchantement qui éteint la prévention et fait naître la tolérance, ne parviennent à enchaîner la voix élo-

---

(1) Vaultier, *Souvenirs de l'Insurrection normande*, p. 11 et 12.
(2) *Ibid.*, p. 17.

quente des faits à la faveur du doute : l'illusion s'évanouit.

Or, voici quelle a été la carrière politique de M. de Wimpffen en ces temps de passion et de désordre :

« Député de la noblesse aux États-Généraux, il « s'est séparé de la majorité de son ordre ;

« Gentilhomme, il a combattu les émigrés ;

« Général en chef d'une armée de la République, « il a commandé l'insurrection contre la Conven-
« tion (1). »

Quelle confiance offrait donc un pareil *politique* aux Fédéralistes du Calvados ? Celui qui avait trahi son culte, sa caste et son roi, qui reniait en ce moment même ses opinions nouvelles, quel espoir fondait-on sur son appui ?

Quand bien même on l'eût cru profondément attaché à la cause remise entre ses mains, n'y avait-il pas encore là une suprême imprudence ? Wimpffen, demeuré au fond royaliste (2), resterait-il à jamais dévoué au drapeau de la République ? Or, l'insurrection était sincère : ce n'était pas une réaction radicale qu'elle se proposait.

Quand nos frontières étaient violées, quand la Vendée se soulevait en masse au nom d'un roi, les insurgés normands, réellement *patriotes* (B), ne voulaient autre chose que le salut de la France : chercher un autre but leur eût semblé un crime.

Nulle part ailleurs qu'en Normandie, la classe moyenne n'avait plus de lumières, plus de patriotisme,

---

(1) Pezet, *Bayeux à la fin du XVIII⁰ siècle*, p. 474.
(2) V. *Pièces justificatives*, à la note H.

plus de richesse, plus d'intérêt à la conservation de l'ordre, au maintien de la paix. La Montagne, dominée par un monstre malsain et féroce, lui faisait horreur : la Gironde, élégante et modérée, attirait toutes ses sympathies.

Que voulait-on donc, sinon renverser une horde sans cesse altérée de sang, rétablir la stabilité sociale, puis courir à l'étranger, laver le sol natal de ses souillures, et vivre librement dans une République, à coup sûr idéale, mais au moins modèle?

Telles étaient les destinées confiées à l'épée de Wimpffen. Ce n'était, certes, pas l'homme du moment.

Félix-Louis, baron de Wimpffen, était une de ces natures prudentes que les événements laissent toujours au-dessous d'eux, parce qu'elles redoutent de se compromettre. Beaucoup de faiblesse, dissimulée habilement par une ostentation calculée, ne réussissant à contenter personne, fort peu à se contenter elle-même; une indécision permanente, résultat nécessaire de cette constante fluctuation d'idées; un violent désir de pallier, par des actions toutes d'éclat, une apostasie d'autant moins explicable qu'elle plaçait l'ancien gentilhomme dans une de ces situations ambiguës où le cœur est d'un côté, l'honneur de l'autre; une crainte perpétuelle, sans cesse ravivée par les accusations et les dénonciations de deux partis extrêmes qu'il ne pouvait satisfaire ; joignons-y les regrets et les remords qu'il dut inévitablement ressentir après la sanglante tragédie de septembre, ses anciennes sympathies en faveur desquelles, et malgré lui, protestait tout son passé, une répulsion inévitable pour ce régime de terreur et de sang qu'une fatalité volontaire de sa part le forçait de défendre, la crainte enfin et le regret, par suite, que ses propres succès n'assurassent le triomphe d'un pouvoir qui marchait hardiment et d'accord à l'anéantissement universel de ses préjugés et de ses idées : lorsque nous aurons parcouru cette énumération toute sommaire et facile à comprendre, lorsque nous aurons ajouté qu'à l'orgueil du sang et de la caste se joignait l'orgueil propre de l'homme, orgueil profondément enraciné et dont les manifestations furent parfois assez étranges pour qu'un jour de justification il osât se comparer, lui et ses accusateurs, à César et aux meurtriers de César (1), lorsque, dis-je, j'aurai rappelé toute cette réunion de défauts opposés et de vertus manquées, s'étonnera-t-on qu'il ait pu être l'objet des reproches de tous les partis, qu'il n'ait jamais eu la capacité et surtout l'initiative si nécessaires à un chef politique quelconque, et que la trame, si faiblement ourdie entre ses doigts débiles, se soit brisée au premier choc quand eut sonné l'heure de l'action ?

Mais voyons-le à l'œuvre. Quels sont, au fond, ses préparatifs ? Quels moyens emploie-t-il pour assurer l'exécution de son entreprise ? En a-t-il même prévu le résultat ?

Le bruit de l'insurrection normande avait franchi rapidement les portes de Paris : la sensation était d'autant plus grande, que de toutes parts éclataient de semblables manifestations.

C'était surtout dans l'imprévu que la Convention

(1) Lettre de M. de Wimpffen au ministre de la guerre Pache. — 5 févr. 1793 (V. la note B bis).

retrouvait son entière énergie ; toute ressource était bonne, même la plus extrême. Il importait donc de prévenir son réveil.

Mais Wimpffen ne veut rien faire par lui-même (C); il laisse à de vulgaires agitateurs le soin de soulever la Normandie et la Bretagne; et, tandis que se réunissent péniblement à Caen les premiers contingents de volontaires, il évite soigneusement tout éclat qui le puisse compromettre.

Dès le début, le nouveau commandant des forces insurrectionnelles entre en diplomatie. Le 10 juin, il prête serment « de livrer la guerre aux anarchistes, « et de ne mettre bas les armes que lorsque les « factions seront anéanties (1) »; mais, le 13, il écrit au ministre de la guerre pour l'informer des graves événements qui viennent de naître ainsi que de l'arrestation des députés de la Convention; bien plus, il joint à sa dénonciation un extrait des registres des délibérations de la ville de Caen (2). Il est vrai que, plus tard, il répond, par une de ces fanfaronnades qui lui étaient habituelles, alors qu'il est cité à la barre de l'Assemblée, qu'il ne le pourrait faire « qu'accompagné de 60,000 hommes (3) ; » il a soin toutefois d'insérer dans sa lettre un billet confidentiel au ministre, monument précieux et qui suffit à lui seul pour fixer nos doutes : « Pour Dieu, « dit-il, révoquez tous les décrets, *envoyez un homme*

---

(1) Procès-verbal des séances du Conseil général du département du Calvados.
(2) *Moniteur* du 16 juin 1793.
(3) *Moniteur* de juin 1793.

« *qui ne soit pas abhorré : du reste, restez tranquille,*
« *et laissez-moi faire.* » Mais la Convention, inquiète
de cette attitude équivoque, de ce jeu en partie
double dont elle ne peut saisir les nuances, ne répond que par un décret d'accusation (26 juin). Dès
lors, Wimpffen est acquis ostensiblement à l'insurrection (1).

Or, que d'incroyables lenteurs! que de singulières
indifférences! Tandis que la rumeur publique grossissait à Paris, comme il arrive toujours en pareille
occurrence, les forces insurgées; tandis que, dans
son inquiète perplexité, le ministre Garat propose de
se rendre à Caen pour porter des paroles conciliantes, que devient cette armée de volontaires qui
doit réduire la Convention? Tout est encore espérances et promesses, que personne ne se presse de
réaliser.

Sauf un maigre contingent offert par quelques
villes enthousiastes, auquel étaient venus s'adjoindre
quelques bataillons de cavalerie et trois bataillons de
volontaires bretons, seule troupe convenablement
équipée et capable de soutenir un choc, le but est
complètement manqué. Point d'approvisionnements,
point de tentes, point d'argent ; le plan même fait
défaut.

Était-ce là simplement de l'incapacité chez l'ancien
héros de Thionville?

---

(1) Il est à remarquer que ce décret du 26 juin ne fut lu publiquement au directoire du district de Caen que dans sa séance
du 6 août suivant, c'est-à-dire après l'anéantissement complet de
l'insurrection (Archives du Calvados).

D'autre part, le nombre des enrôlements était loin d'augmenter. Une telle incurie doit paraître au moins bizarre. De quelque façon qu'on l'explique, le soupçon naît instinctivement.

Wimpffen espérait-il qu'en laissant courir à sa ruine une insurrection ainsi avortée il pourrait se rapprocher de la Montagne, et reconquérir de la sorte l'influence qu'il avait quelque temps possédée? Ou bien, comme on l'a dit (D), voulait-il, toutes ressources étant pour lui perdues, réunir à Caen une garnison suffisante pour assurer sa liberté d'action pendant qu'il communiquerait avec l'Angleterre? L'une et l'autre hypothèse est admissible.

Ce qui est certain, c'est que tous les partis, Girondins et royalistes, ne demandaient qu'à entrer dans l'insurrection. Comment ne profita-t-on pas de cette disposition providentielle des esprits?

Je crois qu'au fond le général de Wimpffen, tourmenté par les continuelles incertitudes qui furent le trait saillant de son caractère, ne savait encore à quel drapeau se rallier, et qu'il redoutait, avant toute chose, qu'en ménageant trop exclusivement un parti il ne s'attirât les rigueurs de l'autre. Aussi regarda-t-il comme prudent de n'engager point sa personne de général en chef.

On sait quelle fut l'issue de cette ridicule parade du 7 juillet qui ne produisit que dix-sept volontaires: on sait aussi quelle fut son influence sur la détermination que prit l'infortunée Charlotte Corday : on sait enfin quel fut le résultat de toute cette vaine démonstration.

Ce n'était pas, d'ailleurs, la première fois que les

tentatives de Wimpffen échouaient de la sorte. On commençait à le juger, et le doute avait envahi l'esprit public (E).

De toutes parts s'élevaient des protestations (F). Custine même se détachait de lui : outré de cette duplicité égoïste, il le dénonçait à la Convention (G).

Ainsi, de même qu'il y avait un général sans armée, il y avait une armée sans général : cela rentrait, d'ailleurs, dans les plans de Wimpffen.

Au lieu de marcher lui-même en tête de ses troupes disponibles, il préfère les confier à son lieutenant, Joseph de Puisaye, homme d'une capacité douteuse, et d'une moralité politique plus douteuse encore (H).

Puisaye se fait battre le 13 à Vernon, ou, plutôt ses troupes se font battre sans lui, et, saisies d'une panique soudaine, lâchent pied au troisième coup de canon. Or, quel est à ce moment la conduite de M. de Wimpffen? Aucun blâme n'est infligé par lui à M. de Puisaye ; mais, aussi, aucun effort n'est par lui tenté pour rallier l'armée, ranimer son courage et la ramener au combat. L'insurrection est bien morte.

On peut donc dire que jamais bataille plus insignifiante n'eut des conséquences plus considérables ; que jamais déroute militaire n'entraîna une déroute plus complète (I).

Ainsi peut-être se trouvera expliqué le sens au moins équivoque de cette lettre que Wimpffen écrivait, en juin 1793, au général Custine, lettre dont on se servit au procès de l'un et de l'autre : « Gardez vos bataillons, chargez-vous des ennemis

« du dehors, *et je me charge de ceux de l'intérieur.* »

Mais nous possédons un autre document, le plus précieux à mon sens, sur cette matière si controversée. C'est une note explicative remise par M. de Wimpffen lui-même à M. de Toulongeon, lequel, écrivant une histoire de la Révolution française, désirait connaître d'une manière exacte les événements alors mal déterminés qui constituaient l'insurrection normande.

Cette note est entre les mains de tous ceux qui se sont occupés de la question. Nous n'avons donc pas à la reproduire ici. Disons simplement qu'elle défigure étrangement les faits, et que les mémoires et les écrits du temps la démentent de la manière la plus formelle.

Ce n'est autre chose qu'une façon de réhabilitation en quelque sorte posthume. Mais que conclure de cet écrit qui tourmente et dénature complètement les faits les mieux établis, sinon qu'il a fallu une conscience véritablement malade et torturée pour employer jusqu'à ce degré des moyens de justification dont la fausseté pouvait être chaque jour dévoilée par des témoins oculaires? Ce démenti s'est produit. On peut lire les observations qui suivent le récit de M. de Wimpffen dans les *Souvenirs de l'Insurrection normande,* de feu M. Vaultier, ancien doyen de la Faculté des lettres de Caen, et contemporain actif des faits que nous venons d'esquisser. Si nous croyons devoir le rappeler ici, c'est que ce démenti rentre naturellement dans l'œuvre de rectification que nous avons entreprise.

Les adversaires de M. de Wimpffen y sont étrangement traités. Quand cette note parut, ils n'étaient plus là pour se défendre ! (J).

Enfin, dernière remarque, alors que la Convention victorieuse sévissait avec rigueur contre les principaux insurgés, le chef militaire de la contre-révolution ne fut jamais sérieusement inquiété (K).

En résumé, et comme nous l'avons déjà laissé entrevoir, suivant nous, M. de Wimpffen, a trahi la cause qui lui avait été confiée ; non point par suite de cette indifférence instinctive qui forme comme le trait saillant de quelques natures incomplètes ou maladives ; mais de sa pleine volonté, de parti pris.

Ce n'a été toutefois que l'une des causes qui ont produit l'anéantissement d'une belle et fière espérance.

II.

La conduite des Girondins réfugiés n'a pas moins réellement agi sur les destinées de cette audacieuse et patriotique entreprise. Quand les esprits, imbus d'une idée fixe, sont parvenus à un certain degré d'exaltation, et que, le drapeau choisi, il ne manque plus à la réaction qui se prépare qu'un ou deux noms politiques à inscrire en tête de ses partisans, sorte de *palladium* tutélaire auquel on croit souvent, et bien à tort, le succès de l'entreprise attaché ; il arrive toujours que la défaillance de l'élu entraîne forcément la défaillance du parti qui s'y rattache : le froissement naît d'abord, le découragement vient ensuite ; et cela s'explique d'autant mieux que le souffle populaire a plus de violence que de stabilité, et qu'il lui faut toujours quelque chose, ne fût-ce qu'un nom, ne fût-ce qu'une ombre, qui le ranime dans ses heures de faiblesse où qui l'excite aux premières approches de l'adversité. Pour atteindre ce but, il suffit, la plupart du temps, d'à-propos et de quelque audace : si vous y joignez le prestige du talent et du renom, et ce je ne sais quoi de tendre et de sympathique qui s'attache forcément et comme d'instinct à la proscription, quand la proscription est illustre, le succès force les événements à se plier au gré de son caprice. Il n'est pas absolument, d'ailleurs, bien nécessaire de croire : la foi n'est pas une de ces vertus qui sont du domaine de tous ; mieux vaut feindre souvent pour assurer la réussite. Quand son heure sonne, le bénéfice est tout entier.

Ainsi eût-il fallu agir avec la contre-révolution du Calvados. Elle comptait beaucoup de têtes, pas un seul chef. Je ne saurais, en effet, comprendre sous ce nom le général Félix de Wimpffen : l'intérêt personnel était son seul mobile. Peut-être eût-elle pu en acquérir, même des plus habiles, si elle se fût ralliée à la réaction vendéenne ; mais nous avons déjà expliqué que le fédéralisme normand n'était autre chose qu'une réaction patriotique et républicaine, n'ayant qu'un but unique en vue : purger la Convention de l'odieux Marat et de ses sanguinaires partisans. Comme en Vendée et en Normandie les causes étaient opposées si les effets étaient identiques, tout rapprochement était momentanément impossible. Restait donc le Midi. L'isolement des réactionnaires du Calvados a été, sous ce point de vue, une faute grave. Mais la responsabilité n'en retombe-t-elle pas tout entière sur Wimpffen? Ce n'est pas, d'ordinaire, aux soldats qu'il incombe de nouer une négociation pareille, qui n'a d'autre excuse, en de semblables temps, que le succès.

Il fallait donc que des esprits vigoureux se rendissent un compte exact des hommes et des choses, et qu'une main ferme conduisît, sans reculer et sans craindre, ces éléments mal coordonnés vers le but qu'on se proposait. Or, quels hommes pouvaient disposer, en Normandie, d'une influence égale à celle dont jouissaient les proscrits de la Gironde? Certes, le souffle insurrectionnel s'était manifesté dans le Calvados bien avant les événements du 31 mai, et si les députés mis hors la loi avaient choisi la ville de Caen pour refuge, il faut bien nous l'avouer, dût notre orgueil national en souffrir! c'était à cause de la proximité des lieux, et non pour un autre motif : il n'existait, du moins, aucune sympathie apparente entre les Girondins et les députés normands. Tout provenait de la force des choses, de la disposition fatale des lieux. Mais c'était déjà beaucoup dans les circonstances présentes. Les tendances girondines de la contre-révolution, cette haine profondément enracinée qui animait les patriotes caennais contre la sanglante faction maratiste, ne devaient-elles pas réveiller dans l'âme endolorie des proscrits un peu de cette chaleur vitale qui fait toute la force de l'homme? L'insurrection ne demandait qu'un nom qu'elle pût inscrire sur ses enseignes : au fond, c'était peu de chose, mais c'était chose facile. Tant d'autres eussent obéi à une inévitable tentation! Au lieu de se laisser aller à cette impulsion si aisée, que font les Girondins ? Ils se tiennent dans l'ombre, et semblent n'avoir d'autre souci que de se mettre, en cas d'insuccès, à l'abri des représailles des vainqueurs. Ils ne croyaient guère, je le sais, à la réussite de l'entreprise : le Fédéralisme n'était pour leurs esprits blasés et meurtris qu'une folle et vaine utopie, qui ne méritait pas même leur approbation, ne fût-elle que tacite. C'est souvent avec de pareilles dispositions d'esprit que l'on perd le gain des batailles : les réactions populaires ne sont puissantes que par la foi que l'on a ou que l'on paraît avoir en elles ; le défaut de confiance et l'irrésolution les brisent. Faut-il donc un si grand effort quand on n'a plus rien à perdre ? et que signifie l'abstention lorsque, tout étant déjà préparé, il suffit d'une dernière mise en œuvre pour reconquérir la considération et la puissance ? Étaient-ce donc des hommes sans énergie que des hommes tels que Barbaroux, Guadet et Pétion ? Si l'on ne peut se résoudre à admettre que l'insouciance politique en certains cas soit un crime, il faudra, du moins, reconnaître ici qu'elle est presque toujours une source déplorable de perturbation et d'anarchie.

Le moment, en effet, était décisif. La Convention, vigoureusement attaquée au dehors, non moins vigoureusement menacée au dedans, était impuissante à faire face de toutes parts. Un événement providentiel pouvait seul la sauver. Mais les gouvernements en péril sont en droit de compter sur la trahison d'un homme ; la timidité et la lâcheté des masses doivent être aussi prévues ; il faut joindre enfin à tout cela l'indifférence et la disparité d'opinions. Toutefois, ne

sont-ce pas là autant de raisons de vaincre les obstacles par une surabondance d'énergie ? Or, que faisaient les Girondins ? Rien. C'est à peine s'ils ont prononcé quelques discours aux assemblées populaires. Ils rédigent, du fond de leur retraite de l'Intendance, des brochures apologétiques ou d'inutiles pamphlets. Il semble que le courroux céleste se fût complu à s'appesantir sur eux, en les frappant d'aveuglement ou d'insensibilité morale, pour les punir d'avoir participé à un attentat qui n'offre qu'un seul exemple dans l'Histoire et que, peut-être, il ne tenait qu'à eux d'empêcher ! Au reste, ce parti si brillant n'a jamais eu d'action vraie. « Égarés dans la contemplation
« nuageuse des anciennes Républiques, incapables
« de diriger une Révolution qui n'avait rien à imiter
« et tout à créer, brillants à la surface et mauvais
« à l'user (1), » les hommes de la Gironde ont montré jusqu'à la fin combien peuvent être grandes les vertus privées chez des politiques convaincus, mais aussi combien désespérantes sont les faiblesses chez des intelligences qui se laissent abattre par des revers imprévus. Un moyen leur restait de reparaître sur la scène publique : ils ont dédaigné de s'en servir. C'est ainsi qu'avortent les projets les plus vastes, les plus justes : la trahison des uns les paralyse ; l'indifférence des autres achève leur destruction.

Telles ont été, suivant moi, les causes de l'anéantissement du complot fédéraliste en Normandie. Ces deux points, faciles à soupçonner pour le lecteur at-

---

(1) Boivin-Champeaux, *Les Fédéralistes du département de l'Eure devant le tribunal révolutionnaire*, p. 2.

tentif, n'avaient pas été mis en relief par les écrivains spéciaux. Les motifs s'en devinent aisément, et je me ferais, d'ailleurs, un reproche de les énumérer ici. Toutes les opinions sont respectables, et je ne me serais point permis d'en froisser quelques-unes si la réhabilitation, entreprise il y a quelques années par un savant magistrat normand (L), du général Félix de Wimpffen ne m'avait paru heurter à la fois la conscience de l'histoire et sa moralité : il m'a semblé également qu'il convenait de faire nettement ressortir l'attitude d'illustres proscrits auxquels on a prêté à diverses reprises des actes et des discours qu'ils ont toujours soigneusement évité de tenir ou de faire. C'est donc, je le répète une fois encore, c'est une rectification d'histoire locale que j'ai entreprise. Puissé-je avoir réussi ! Car l'histoire doit être vraie, c'est pour elle une condition de vie : c'est pour cela qu'elle doit être impartiale, et ne rien dissimuler. « Dans les récits de faits qui consacrent de grands
« événements, l'historien doit donner avec fidélité
« tous les détails : des écrits où la vérité ne se trouve
« pas ressemblent à ces feuilles mourantes qui, sur
« la fin de l'automne, ne tombent des arbres que
« pour être réduites en poussière sur la portion de
« terre où le vent les porte (1). »

(1) Couet-Gironville, *Mémoire pour servir à l'Histoire de Charlotte Corday*, p. 2.

PIÈCES JUSTIFICATIVES.

A.

Adresse des officiers, sous-officiers et dragons du 2ᵉ escadron du 13ᵉ régiment. (Février 1793.)

« ... Le général Félix Wimpffen avec une garnison faible et peu expérimentée a défendu Thionville contre une armée formidable. Il ne s'est pas contenté de se défendre avec avantage, il a fait des sorties multipliées, a attaqué l'ennemi avec succès, et lui a enlevé ses magasins de fourrages, d'avoine, de froment, d'eau-de-vie. Toujours à notre tête, il avait moins à cœur sa sûreté personnelle que celle de ses soldats. Il était généralement aimé et chéri de toute la garnison, qui avait en lui une aveugle confiance. Certes, si le général Félix Wimpffen eût voulu livrer aux ennemis Thionville, cette place eût été au pouvoir des Autrichiens.

« Nous reconnaissons dans le général Félix Wimpffen un citoyen bon, vertueux, ami des lois; un général brave, expérimenté, et rempli de zèle pour la cause commune.....

« .... Si la République a le bonheur de le voir un jour à la tête de ses armées, nous ambitionnons la gloire de combattre avec lui, bien sûrs, sous ses ordres, de vaincre et de renverser les despotes et les tyrans coalisés contre la nation française. »

(Suivent les signatures.)

Directoire du district de Caen. — Séance du 6 mars 1793.
(Archives du Calvados—3ᵉ Registre.)

« Le Directoire en séance,..... etc.

« Lecture a été donnée d'une réponse du 103ᵉ régiment d'infanterie à la calomnie contre le général Félix Wimpffen pendant le siége de Thionville.

« Le Directoire a arrêté qu'une mention honorable serait faite de la conduite courageuse que le citoyen Wimpffen a tenue dans la défense de la ville de Thionville contre les attaques des ennemis de la patrie..... »

(Suivent les signatures.)

Wimpffen eut, de plus, les honneurs du théâtre. *Le Siége de Thionville*, drame lyrique en deux actes, fut alors joué à l'Opéra. Il figure également dans une tragédie de Salles, intitulée : *Charlotte Corday.*

B.

Extrait du procès-verbal des Séances du Conseil général du département du Calvados (Séance du 9 juin 1793).

« Le Conseil général s'est formé, présents les citoyens...., etc.

« ..... Le Procureur-Général-Syndic a détaillé succinctement les événements de la journée précédente, *le vœu, unanimement prononcé dans toutes les sections et sociétés populaires de la ville de Caen, de maintenir la Répu-*

blique *une et indivisible,* la sûreté des personnes et des propriétés, *de livrer une guerre à mort aux agitateurs, aux perturbateurs et aux anarchistes*, et a demandé aux citoyens de proposer les mesures extraordinaires que nécessitent les circonstances.

« Sur la motion d'un membre, l'assemblée, ouï le Procureur-Général-Syndic, a arrêté à l'unanimité et par acclamation *qu'elle se déclare en état d'insurrection et de résistance à l'oppression, et qu'elle ne mettra bas les armes que lorsque la Convention aura recouvré sa liberté...* .

« ..... L'Assemblée, *saisie d'alarmes de l'avilissement dans lequel se trouve la Convention nationale, déclarant qu'elle veut résister à l'oppression et se conserver des ôtages pour répondre de la sûreté des représentants du Calvados;*

« Arrête ..... que les commissaires de la Convention près l'armée des côtes de Cherbourg seront mis provisoirement en arrestation au Château de Caen.....

« ..... L'Assemblée, après avoir entendu le Procureur-Général-Syndic, arrête unanimement..... ;

« ..... 4° Que le citoyen Félix Wimpffen, général de l'armée des côtes de Cherbourg, sera invité à se rendre au sein de l'administration *pour une conférence amicale.*

« 5° Enfin, qu'il va être formé *un comité provisoire d'insurrection et de résistance à l'oppression* composé d'un membre de chaque corps. Procédant au choix de ces membres..... etc. »

(Suivent les signatures.)

B *bis.*

Extrait d'une lettre du général Wimpffen au ministre de la guerre Pache (5 février 1793).

« ..... Parce que j'ai eu de précieux succès l'on m'a cru
« heureux, et des spéculateurs se sont aussitôt attachés à
« m'enlever ce bonheur, comme si en me dépouillant ils
« pouvaient s'en revêtir ; et, à force de se convulsionner,
« ils sont parvenus à m'envelopper des putrides nuages de
« leurs calomnies.. *On verra mes calomniateurs d'une*
« *main me couronner de lauriers, et de l'autre vouloir*
« *me percer le cœur..... Espèrent-ils imiter les meur-*
« *triers de César qui ne tombèrent à ses genoux que*
« *pour mieux l'assassiner ? Je les vaincrai avec leurs*
« *propres armes......* »

Ce n'est pas le seul monument écrit que nous possédions de cet orgueil excessif. Nous n'en voulons plus citer qu'un seul. On le trouve dans le *Courrier de Strasbourg*, n° du 26 avril 1793. C'est une lettre que, le 10 avril, Wimpffen écrivait de Cherbourg à son frère : « ... Je commande,
« dit-il, un corps d'armée sur les côtes : *cette armée con-*
« *siste en ma personne et mes deux aides-de-camp.* Et
« cependant si les quinze mille aventuriers rassemblés vis-
« à-vis de moi venaient à faire une descente, *vous liriez*
« *dans les gazettes que j'en ai fait un hachis : je vous*
« *le jure.* » Ainsi, cette fanfaronnade naturelle se manifestait jusque dans ses relations privées !

C.

Wimpffen, disons-nous, ne veut rien faire par lui-même.

Bien plus, cela rentre dans ses plans de laisser se désorganiser l'armée qu'au contraire il est chargé d'organiser. Il a prévu les événements du 31 mai, ou d'autres analogues. Que deviennent les milices qu'il doit tenir prêtes? Voici ce que nous lisons au procès-verbal des séances du directoire du district de Caen (Archives du Calvados, 4ᵉ registre) :

Séance du 31 mai 1793.

« Le directoire en séance,... etc.
« Lecture a été faite,... etc.
« ... D'une lettre du 25 de l'adjoint du ministre de la guerre de la 5ᵉ division, qui se plaint *qu'un grand nombre de volontaires très-valides, bien constitués et en état de supporter les fatigues de la guerre, ont obtenu des congés de réforme sous prétexte d'infirmités* et sous la condition coupable de partager avec leurs chefs le prix de leur enrôlement.
« Il a été arrêté d'écrire circulairement (*sic*) aux municipalités du district de prendre les mesures propres à s'assurer des citoyens qui se seraient rendus dans leurs communes... »

(Suivent les signatures.)

D.

Extrait des Mémoires inédits de Pétion (édition de M. C.-A. Dauban, p. 159 et 160).

« Il est bon de dire que plusieurs de nous avaient des
« soupçons sur Wimphen. Ceux qui avaient été de l'Assem-

« blée constituante et qui l'avaient suivi de près, le suspec-
« taient encore plus que les autres. Il était difficile de croire
« que Wimphen fût sincèrement attaché à la cause de la
« République, lui qui s'était montré longtemps royaliste dé-
« cidé. Sa conduite, en la supposant sincère, ne pouvait
« guère s'expliquer que par un motif : il était persécuté par
« la Montagne. Il pouvait désirer s'en venger.

« Wimphen crut sans doute que le moment favorable
« était venu de montrer à découvert ses intentions et de
« nous sonder sur les nôtres. « Il faut s'expliquer franche-
« ment, nous dit-il ; j'aime la République autant qu'un autre,
« mais, il faut être de bon compte, elle ne peut pas tenir ;
« la France voudra un roi. Je pense que, puisqu'il est inévi-
« table d'en avoir un, mieux vaut un Anglais qu'un Autri-
« chien, et, si l'on veut, j'ai des ressources auprès du gou-
« vernement anglais..... »

« ..... Il était évident que Wimphen ne combattait pas
« pour la République, pour une cause dont il désespérait,
« et qu'il n'avait jamais aimée ; que ses plans militaires ne
« pouvaient pas s'accorder avec nos vues. Son avis aussi
« n'avait jamais été d'aller en avant : il voulait réunir toutes
« les forces à Caen, là les exercer, les faire camper et at-
« tendre les événements Cela était bien calculé d'après son
« système. Il était chef d'une armée ; cette armée était com-
« posée de Bretons et de Normands ; il était censé tenir deux
« provinces dans sa main, il devenait un personnage im-
« portant et recommandable pour l'Angleterre. L'Angleterre
« pouvait le rechercher, lui fournir des secours et offrir à
« son ambition des avantages qui purent la flatter. Wimphen
« alors jouait un grand rôle.

« Il s'embarrassait fort peu d'étouffer l'anarchie qui dé-
« vastait la France : il pouvait même croire d'une bonne po-
« litique de laisser ce fléau poursuivre son cours destruc-
« teur, afin d'épier le moment où les Français, fatigués de
« tant d'excès, demanderaient eux-mêmes un roi, et d'être
« prêt à le leur présenter.

« C'était à qui des deux partis ne prononcerait pas le
« premier le nom de roi : c'était à qui de l'Angleterre et
« de l'Autriche ne ferait pas le premier pas, et Wimphen
« croyait devoir temporiser. »

Voici comment s'exprime M. Vaultier :

« A mon retour à Caen, je ne revis Barbaroux que deux
« ou trois fois. Il était triste et découragé. « Wimpffen, me
« dit-il, nous offre de passer en Angleterre, mais nous n'ac-
« cepterons pas : ce serait donner à la Montagne l'occasion
« de nous accuser d'intelligence avec l'étranger. » — D'autres
« dirent autre chose. »
[*Souvenirs de l'Insurrection normande*, p. 67.]

Joignons-y l'autorité de M. Thiers :

« Dès qu'on apprit cette déroute [de Vernon] à Caen,
« Wimpffen assembla les députés, leur proposa de se retran-
« cher dans cette ville, et d'y faire une résistance opiniâtre.
« Wimpffen, s'ouvrant ensuite davantage, leur dit qu'il ne
« voyait qu'un moyen de soutenir cette lutte : c'était de
« se ménager un allié puissant, et que, s'ils le voulaient,
« il leur en procurerait un : il leur laissa même deviner
« qu'il s'agissait du cabinet anglais. Il ajouta qu'il croyait
« la République impossible, et qu'à ses yeux le retour à la
« monarchie ne serait pas un malheur. Les Girondins re-
« poussèrent avec force toute offre de ce genre, et témoi-
« gnèrent la plus franche indignation. »
(*Révolution française*, 4e édit., V, p. 65.)

Enfin, voici un dernier document qui prouve combien la
défiance de l'administration de la ville de Caen était en
jeu. Il est en date du 9 juin 1793.

« Le Directoire en séance. ..., etc.

« Il a été fait lecture......... d'une autre lettre du 8 des
« administrateurs du directoire du département contenant
« transmission d'un arrêté du Conseil exécutif provisoire du
« 29 may dernier portant, *que tous les maîtres et patrons*
« *de bateaux pêcheurs seront tenus de rentrer chaque*
« *soir dans le port et ne pourront passer la nuit en*
« *mer.*

« Il a été arrêté de transmettre copie de cette lettre aux
« municipalités riveraines de la mer. »

(Suivent les signatures.)

E.

Extrait du Moniteur universel (Séance du jeudi 11 juillet 1793).

LACROIX. — « Je vais donner lecture à l'assemblée d'une lettre satisfaisante que je viens de recevoir d'un citoyen du département du Calvados. Je ne le nommerai point, de crainte que ses propriétés ne soient brûlées. Cette lettre est du 4 juillet.

« Depuis ma dernière lettre, notre département a de
« grands projets et fait de grands préparatifs pour réduire la
« municipalité de Paris et pour anéantir les partisans de
« Marat qui sont dans la Convention. Caille et un autre
« citoyen, dont j'ignore le nom, sont partis pour accélérer
« l'arrivée des troupes que doit envoyer à Caen le dépar-
« tement de l'Ille-et-Vilaine : arrivés dans ce département,
« nouveau Curtius et nouveau Caligula, ils ont prêché
« l'amour des lois et peint les dangers de la patrie. Déjà,
« ont-ils dit, une armée de 10,000 hommes, dont l'avant-

« garde est à Évreux, est réunie à Caen et brûle d'aller dé-
« livrer la Convention nationale. Caille n'ignorait cependant
« pas que cette prétendue armée de 10,000 hommes, dont
« l'avant-garde était à Évreux, n'était composée que de
« 600 hommes plutôt égarés que coupables.

« A son retour à Caen, Caille a fait l'éloge de la réception
« qu'on lui a faite dans le département d'Ille-et-Vilaine et
« dans les différents endroits qu'il avait parcourus.

« Un bataillon du département de l'Ille-et-Vilaine est ar-
« rivé ici avant-hier. Le lendemain de son arrivée, les
« corps administratifs ont ordonné le départ pour Évreux
« des citoyens inscrits ; mais 20 hommes seulement se sont
« présentés pour aller chercher le drapeau tricolore qui était
« déposé au département ; les autres ont déclaré ne vouloir
« plus marcher. A cette vue, Wimpffen, transporté de fureur,
« dit qu'il fallait les fusiller. *Cette menace n'était plus*
« *de saison : le peuple du Calvados est revenu de son*
« *erreur, et son opinion est formée sur le compte de*
« *Wimpffen et des députés qui sont venus à Caen chercher*
« *un asile.*

« Cependant les corps administratifs ne se découragent
« pas : ils font battre la générale, et ordonnent aux ci-
« toyens de se réunir sur la place de la Liberté : là, ils
« invitent ceux qui veulent marcher sur Paris à sortir des
« rangs. Cinq étourdis seulement en sortent. Cependant la
« nuit vient, il faut se retirer, et Wimpffen et les corps
« administratifs, semblables au renard à qui l'on a fait
« lâcher sa proie, se séparent en baissant les oreilles.

« Les braves Bretons témoins de ces scènes s'en retour-
« nent chez eux, *bien persuadés que des intrigants ont*
« *voulu les tromper.* Voilà ce qui se passe maintenant dans
« la ville de Caen. »

F.

Les protestations s'élevaient surtout de la Manche, de l'Eure, de la Seine-Inférieure. Les dénonciations se multipliaient à la Convention (*Moniteur universel* de juin 1793). A Caen, il avait même fallu établir un impôt de 100 livres sur ceux qui refusaient de marcher sur Paris à la réquisition qui leur en était faite (*Moniteur universel* du 14 juillet 93 ; séance du 11).

G.

(*Moniteur du 17 juillet 1793. — Séance du 16.*)

Le général Custine adresse à la Convention les lettres suivantes :

« Cambray, 15 juillet 1793.

« Je me hâte de vous envoyer plusieurs lettres et im-
« primés qui m'ont été envoyés par la Société populaire de
« Bordeaux, par la Commission centrale de Caen, par Félix
« Wimpffen se disant général des armées départemen-
« tales. Je vous fais passer copie de mes réponses..... »

LETTRE DE WIMPFFEN.

« Je profite de l'occasion, mon cher maître, pour me
« rappeler à votre souvenir. La nouvelle de la prise de

« Pacy vous est sans doute parvenue. Plaise au ciel que la
« cruelle anarchie soit anéantie par vos soins ! vous aurez
« l'admiration de toute l'Europe militaire : vous mériterez
« la reconnaissance de tous les hommes libres. »

RÉPONSE DE CUSTINE.

« Cambray, 15 juillet.

« La nouvelle de la prise de Pacy ne m'est point par-
« venue : mais j'avoue que je la regarde comme un attentat
« à l'unité à et l'indivisibilité de la République. Vous m'avez
« mal jugé. Du moment que vous êtes revêtu d'une qualité
« que vous ne tenez point de la loi, je dois vous regarder
« comme le chef des factieux. Je romps toute correspon-
« dance avec vous, jusqu'à ce que vous vous montriez
« vraiment républicain et digne des lauriers de Thionville. »

(*Moniteur du 4 septembre. — Affaire Custine.*)

« Jacques-François-Rodolphe Dutillet, aide-de-camp de
Custine, dépose ne lui avoir été attaché que deux mois,
et l'avoir toujours vu, dans ses discours à son armée,
bon et franc républicain, et réchauffant le zèle du soldat
pour le service de la République.

« *Le Président au témoin.* Quelle conduite avez-vous vu
tenir à l'accusé à l'égard des lettres que lui ont adressées
le général Wimpffen et les sociétés populaires de Caen et
de Bordeaux ?

« *Le témoin.* J'ai toujours vu Custine manifester sa ré-
pugnance, et ne pas vouloir accéder à leurs propositions :
il leur a écrit qu'il ne voulait reconnaître la République
que dans la majorité de la Convention. »

H.

Les témoignages relatifs à la moralité politique de Joseph de Puisaye sont peu flatteurs pour celui qui en a été l'objet. Voici comment s'exprime, à cet égard, Paul Delasalle, auteur d'une curieuse étude sur le *Fédéralisme en Normandie :*

« ...Au reste, Puisaye, soit comme royaliste, soit comme
« agent de l'insurrection girondine, joua toujours un rôle
« équivoque ; et ce n'était sans doute pas sans raison que
« l'infortuné Sombreuil écrivait de lui, dans sa prison :
« Ce fourbe qui nous a perdus ! » Il serait curieux que
« Puisaye eût été à la fois l'instrument soit apparent, soit
« occulte, de l'émigration, de la Gironde et de la Montagne. »
(OEuvres complètes, 1847, p. 373.)

M. Thiers ne paraît guère en faire plus grand cas.

« On envoya à Évreux, dit-il, des officiers gagnés à la
« cause du fédéralisme, et beaucoup de royalistes cachés qui
« se jetaient dans tous les soulèvements, et prenaient le
« masque du républicanisme pour combattre la Révolution.
« Parmi les contre-révolutionnaires de cette espèce était le
« nommé Puisaye, qui affichait un grand zèle pour la cause
« des Girondins, et que Wimpffen, royaliste déguisé, nomma
« général de brigade, et chargea du commandement de
« l'avant-garde déjà réunie à Évreux. » *(Révolution française,* 4ᵉ édit., v., p. 22.)

I.

« Cet événement a porté le découragement dans deux
« grandes provinces et y a tué l'esprit public. Il a relevé

« le courage abattu des maratistes, a jeté dans la stupeur
« les bons citoyens, et a fait pencher les hommes faibles
« et incertains du côté des brigands. Le contre-coup s'est
« fait sentir à Paris, prêt à se soulever contre les oppresseurs,
« et y a produit les mêmes effets. Je ne doute pas que ce
« contre-coup n'ait été ressenti jusque dans le Midi et n'y
« ait opéré les mêmes ravages. On avait tant parlé de Caen
« et d'Évreux, des nombreuses armées de la Normandie et
« de la Bretagne, qu'à voir tout-à-coup ces phalanges
« républicaines dispersées, un habile général qu'on croyait
« à sa tête vaincu et obligé de fuir au loin, on demeure
« saisi d'épouvante de cette chute : on pense tout perdu,
« on désespère de présenter aux ennemis une force qui
« puisse leur résister.

« Voilà comme souvent la plus petite cause produit le
« plus grand effet. La postérité ne voudrait pas croire que
« le sort de la liberté d'un grand peuple a tenu au ridi-
« cule combat de Vernon. Elle rirait d'un historien qui
« tirerait d'aussi graves conséquences d'un aussi petit évé-
« nement ; et cependant ceux qui calculent de sang-froid,
« et sur les lieux, l'effet qu'il a dû avoir et qu'il a eu sur
« l'opinion n'en sont pas étonnés. » (*Mémoires inédits de
Pétion* publiés par M. Dauban, p. 170.)

*Archives du Conseil général du Calvados. — Séance du 25 juillet
1793.*

Nous extrayons d'une Adresse à la Convention les passages
suivants. L'administration du Calvados y fait amende honorable, et Wimpffen y désavoue ses actes.

« .... Le moment est arrivé où toutes les dissensions
doivent cesser. Les derniers succès des armées étrangères
offrent encore à tous les bons Français un motif sacré de se
rallier plus étroitement que jamais sous une même bannière
et de réunir leurs efforts pour écraser les ennemis de la
patrie.

« Pour quoi, déterminés par les considérations toutes puissantes du salut public, de l'amour de la liberté, du désir de la paix intérieure, du maintien de la République une et indivisible, et craignant surtout les funestes effets de la guerre civile *prête à naître* :

« *Nous rapportons nos arrêtés du 9 juin dernier et jours suivants dont nous nous rétractons*, déclarant que, dès ce moment, notre intention est d'enregistrer, promulguer et faire exécuter les lois qui ne l'auraient point été depuis l'époque desdits arrêtés...

« .... Nous déclarons, en outre, aux représentants du peuple que nous nous occupons de rendre à leurs fonctions ceux de leurs collègues qui ont été retenus parmi nous. ...

« ..... Nous devons maintenant, citoyens législateurs, à la vérité de déclarer que le général Félix Wimpffen n'a eu aucune part à l'arrestation des commissaires de la Convention nationale, faite par le peuple sans qu'il en ait eu connaissance et dans un temps où il n'avait eu aucun moyen de l'empêcher ;

« *Que, dans les premiers moments de l'insurrection*, le général insista *pour donner sa démission, et qu'il ne consentit à reprendre ses fonctions qu'en cédant à la volonté du peuple unanimement prononcée* ;

« Qu'enfin il n'a cessé, *par ses actions et ses discours*, de témoigner son *désir* pour le retour *de la paix intérieure*.

« Tout l'état-major et les officiers supérieurs ont manifesté les mêmes principes et les mêmes sentiments. »

J.

On peut lire *in extenso* la note explicative de M. de Wimpffen par lui remise à M. de Toulongeon dans M. Vaultier

(*Souvenirs*, p. 48-61) et dans l'édition publiée par M. Dauban des *Mémoires* de Pétion, Buzot et Barbaroux (p. 226-231), ainsi que les notes et commentaires qui l'accompagnent. Nous ne voulons pas abuser ici des citations, d'autant plus que l'on peut facilement se procurer cette pièce importante. Quand on la compare attentivement au récit exact et vrai des faits, la conviction de la culpabilité politique de Wimpffen est aussitôt formée. Il suffit de lire.

K.

Le certificat du 25 juillet 1793 que nous venons de relater ci-dessus (note I) fut, avant tout, un certificat de complaisance. Personne ne devait s'y tromper, et cependant M. de Wimpffen en bénéficia. Il demeura tranquillement caché à Bayeux jusqu'à la réaction thermidorienne. Moins de quinze jours après la mort de Robespierre, le 24 thermidor an II, il obtenait le rapport du décret qui le mettait hors la loi. Cet acte est ainsi conçu :

« Le Comité de sûreté générale,
« Vu la pétition du citoyen Félix Wimpffen,
« Vu la lecture de la lettre qu'il a écrite le 18 de ce mois à Kervélégan, membre du Comité ;
« Arrête que le citoyen Félix Wimpffen jouira pleine-
« ment de sa liberté, et que les scellés mis chez lui seront
« levés. Il restera néanmoins provisoirement sous la sur-
« veillance de l'administration du district de Bayeux, chargé
« de l'exécution du présent arrêté. »

M. le président Pezet, en rapportant cet arrêté (*Bayeux à la fin du XVIIIe siècle*, p. 330) remarque que Wimpffen, alors désillusionné, accepta « aisément » l'oubli. Je le crois.

L.

M. Pezet, admirateur passionné de M. de Wimpffen, a été jusqu'à dire, au sujet de son héros, « que peut-être il caressait la pensée de jouer le rôle de Monk (p. 319) » : Wimpffen et Monk n'ont eu qu'un trait unique de caractère qui puisse offrir quelque analogie : leur profonde duplicité. En vérité, l'enthousiasme produit parfois, et bien malgré lui, de bizarres éloges !

———

Caen, typ. F. Le Blanc-Hardel.

www.ingramcontent.com/pod-product-compliance
Lightning Source LLC
Chambersburg PA
CBHW061006050426
42453CB00009B/1283